DON BOSCO

Antje Suhr

Die 50 besten Spiele fürs Kinderturnen

DON BOSCO

MiniSpielothek

Gerne nehmen wir Ihre Anregungen,
Wünsche, Kritik oder Fragen entgegen:
Don Bosco Medien GmbH, Sieboldstraße 11, D-81669 München
anregungen@donbosco-medien.de
Servicetelefon: +49(0)89 48008-341

Bibliografische Information der Deutschen Nationalbibliothek

Die Deutsche Nationalbibliothek verzeichnet diese Publikation in der Deutschen Nationalbibliografie; detaillierte bibliografische Daten sind im Internet über http://dnb.d-nb.de abrufbar.

klimaneutral gedruckt
www.klima-druck.de
ID-Nr. 23149729
bvdm.

5. Auflage 2023 / ISBN 978-3-7698-2161-1

www.donbosco-medien.de

Umschlag und Umschlagfoto: Manfred Lehner, Blue Cat Design
Layout: Alexandra Paulus
Satz: Don Bosco Medien, München
Produktion: Don Bosco Druck & Design, Ursensollen

Gedruckt auf umweltfreundlichem Papier

Inhalt

Das Leben
besteht in der Bewegung.

Aristoteles

Spiele zum Laufen und Rennen

Bewegungs-Fastfood

Alle Mitspieler laufen kreuz und quer durch die Halle, bis eine Speise genannt wird. Diese soll möglichst schnell alleine, zu zweit, zu dritt oder in der großen Gruppe dargestellt werden.

- Pommes in der Fritteuse: Jeder legt sich auf den Rücken und strampelt mit Armen und Beinen.
- Hamburger: Zwei Kinder legen sich in Bauchlage übereinander.
- Hotdog: Drei Kinder stellen sich eng aneinander, wobei das längste Kind in der Mitte steht.
- Chicken Nuggets: Drei Kinder liegen nebeneinander in Bauchlage, ein Kind legt sich als Soße quer darüber.
- Salat: Alle Mitspieler bilden in der Raummitte einen großen Kreis (die Salatschüssel).
- Cola: Jedes Kind sucht sich einen Partner: das eine Kind bildet mit beiden Armen einen Kreis (Colaglas), das andere stellt sich in die Kreismitte als Strohhalm.
- Milkshake: Ein Kind hält beide Arme schräg vor sich und knickt die Handgelenke runter, das andere dreht sich unter den Händen.

- Kinder-Menü: Die Spielleitung denkt sich eine Speisenwahl aus, z.B. 1 Hamburger, 1 Cola und 1x Pommes.

Dieses Spiel sollte mit zwei bis drei Fastfood-Ideen gestartet werden und nach und nach wachsen. Kreative Fastfood-Liebhaber entwickeln immer neue Speisen und Darstellungsmöglichkeiten.

Geheimagenten unterwegs

An jeden Mitspieler wird eine Uno-Karte verdeckt verteilt. Sie stellen „Ausweise“ von Polizisten oder Geheimagenten dar und sollten vorerst keinem gezeigt werden. Nun laufen alle „Geheimagenten“ durch den Raum. Sobald die Musik stoppt, teilt die Spielleitung den vier Raumecken die vier Farben rot, gelb, blau und grün zu und die Kinder laufen in die Farbecke, die ihrer Kartenfarbe entspricht.
Nach einigen Durchgängen können in den Ecken die Farben verglichen werden. Aber Achtung: Da Geheimagenten niemals Geheimnisse verraten, werden keine Kinder genannt oder ausgelacht, die in der falschen Farbecke stehen.

Variationen

- Ein Kind bekommt die bunte Farbwechselkarte, darf damit Spion spielen und sich in unterschiedliche Ecken stellen. Ziel ist es, den Spion nach einigen Durchgängen zu entlarven.

- Solange die Musik läuft, werden die Karten immer wieder getauscht. Erst wenn die Musik stoppt, schaut jeder nach, welche Farbe er hat.
- Die Spielleitung nennt Zahlen oder später auch Mischfarben.

Material

ein Uno-Kartenspiel, ggf. Musik

Fleißige Farb-Bienen

Alle Kinder spielen fleißige Bienen. Sie laufen immer wieder zur Hallenmitte, dem Bienenstock und würfeln dort gleichzeitig. Anschließend laufen sie zu der gewürfelten Farbecke, um dort eine Wäscheklammer in der entsprechenden Farbe als „Blütenstaub“ einzusammeln und am T-Shirt zu befestigen. Und wieder geht's schnell zum Würfeln in den Bienenstock usw.
Nach einer Weile wird das Spiel abgebrochen und die Kinder gesucht, die den meisten Blütenstaub gesammelt haben. Wer hat die meisten Klammern insgesamt, wer hat jeweils die meisten roten, blauen, grünen, ...? Das sind die „super-fleißigen Bienen“, alle anderen sind „fleißige Bienen“!

Variationen

- Im Bienenstock würfelt jedes Kind mit drei Würfeln und sammelt danach alle drei Farbklammern, bevor es erneut würfelt. (Höhere Laufintensität)
- Es wird mit Zahlenwürfeln und Farbwürfeln gewürfelt. Der Zahlenwürfel gibt an, wie viele Farbklammern gleichzeitig genommen werden dürfen.

Material

viele Farbwürfel in der Raummitte; viele farbige Wäscheklammern in den Würfelfarben, die auf sechs Matten an der Wand oder in den Ecken liegen.

Würfel-Fußball

Je nach Raumgröße und Anzahl der Mitspieler wird dieses Fußballspiel entweder im Sitzen oder im Laufen gespielt. Als Ball dient ein Schaumstoffwürfel, der, wie beim richtigen Fußball auch, von zwei Mannschaften auf zwei Tore gespielt wird. Sobald der Würfel im Torraum liegen bleibt, zählen die Würfelaugen als Torpunkte. Bei dieser Variante kommen Kinder durch Zufall auch mal ganz groß heraus!

Variation

Wenn mit mehreren Würfeln gleichzeitig gespielt wird, ist dieses Spiel besonders intensiv.

Material

ein Schaumstoff-Zahlenwürfel

Rennquartett

Jeweils drei Karten eines Quartetts werden im Raum sichtbar verteilt, die vierte gleiche Karte behält die Spielleitung in der Hand. Jedes mitspielende Kind bekommt nun eine verdeckte Karte ausgeteilt, die es sich erst anguckt, wenn alle Karten ausgeteilt sind. Daraufhin hat jedes Kind die Aufgabe, möglichst schnell die drei anderen Karten zu finden. Alle Kinder mit vier richtigen Karten bekommen eine Wäscheklammer, die sie sich ans T-Shirt stecken. Am Ende kann mit den Klammern eine Riesenschlange gelegt werden.
Wenn ein Gewinner ermittelt werden soll, bekommen nur die ersten drei Kinder, die die Aufgabe gelöst haben, eine Klammer.

Variation

Es können sehr schwierige Quartetts eingesetzt werden, bei denen sich die Karten extrem ähneln.

Material

ein (einfaches) Quartett-Kartenspiel, Wäscheklammern

Familie Müller auf Achse

Je nach Größe der Gruppe werden die Kinder in Mannschaften mit bis zu 8 Personen eingeteilt. Jede Mannschaft setzt sich hintereinander auf eine Langbank, die nebeneinander an einem Hallenende stehen (oder als Stern in der Hallenmitte). Nun werden die Spielkarten verteilt (alternativ die Personen benannt). Auf jeder Bank sitzt vorne der Opa, danach die Oma, und weiterhin der Vater, die Mutter, das Schulkind, das Kita-Kind, das Baby und der Hund (je nach Gruppengröße können Personen weggelassen werden).
Ist die Vorbereitung des Spiels abgeschlossen, beginnt die Spielleitung eine Geschichte über diese Familie zu erzählen, wobei sie immer wieder einzelne Familienmitglieder oder sogar die ganze Familie nennt. Sobald die Kinder ihre Person hören, stehen sie schnell auf, laufen bis zum Wendemal und wieder zurück zur Bank. Wenn von Familie Müller die Rede ist, laufen alle Kinder gleichzeitig.

Variation

Das Spiel kann auch als Staffel gespielt werden, bei der die jeweils schnellste Mannschaft einen Punkt bekommt.

Material

Langbänke, Wendemal, ggf. Spielkarten mit Zeichnungen von Oma, Opa, Mutter, Vater, Schulkind, Kindergartenkind, Baby, Hund

Tücherrennen

Es werden zwei Mannschaften gebildet, die sich in einer Gasse gegenüber stehen. Jeweils sich gegenüber stehende Kinder bekommen der Reihe nach eine Zahl (1, 2, 3 ...) zugeordnet. Die Spielleitung stellt sich an ein Ende der Gasse, knotet sich rechts und links ein Chiffontuch an den ausgestreckten Arm und ruft laut und deutlich eine Zahl. Die beiden genannten Kinder mit dieser Zahl laufen los, knoten auf ihrer Seite das Tuch von der Spielleitung ab, laufen zu einem beliebigen Kind der gegnerischen Mannschaft und knoten es dort fest. Direkt danach laufen die Kinder zu ihrer Mannschaft zurück, knoten das Tuch vom Kind der eigenen Mannschaft wieder los und bringen es schnell zurück zum Spielleiter, wo es wieder festgeknotet wird. Das Kind, das nach dieser Rennerei als Erstes wieder am eigenen Platz steht, hat für die Mannschaft einen Punkt gewonnen.

Variation

Mit vier Tüchern und zwei genannten Zahlen wird das Spiel zu einem Highlight für Ältere.

Material

zwei verschiedenfarbige Chiffon-, oder Baumwolltücher

Schlaue Jäger, flinke Hasen

Bei diesem sehr intensiven Laufspiel verteilt sich eine Mannschaft als Jäger in einem markierten Feld, eine zweite stellt sich außerhalb des Feldes an eine Ecke, das sind die Hasen. Ein Mitspieler der Hasen bekommt den Ball, den er in das Jägerfeld wirft, um direkt danach selbst in das Feld zu laufen. Die Jäger versuchen nun möglichst schnell den Ball zu erreichen, um damit den Hasen abzuwerfen. Wer den Ball in den Händen hält, darf jedoch nicht mehr als zwei Schritte laufen. Erlaubt ist es den Jägern aber, sich den Ball untereinander zuzuwerfen. Die anderen Hasen laufen, sobald ihr Mitspieler den Ball geworfen hat, alle gemeinsam so oft um das Feld, bis der Hase im Feld getroffen wurde. Jetzt wird gezählt, wie viele Kinder das Feld wie oft umrundet haben. Diese Punkte werden den Hasen zugeschrieben, die Mannschaften wechseln und die andere Mannschaft versucht ihr Glück.

Variation

Für jüngere Kinder oder heterogene Gruppen empfiehlt sich folgende Variante: Es sind immer nur zwei Hasen aktiv. Ein Werfer-Hase und ein Lauf-Hase. Erst nachdem alle Hasen einmal geworfen haben oder gelaufen sind, wechseln die Mannschaften.
Bei dieser Variation kann man auch für jede Quer- oder Längsseite, die der Hase gelaufen ist, Punkte verteilen (eine Feldumrundung = 4 Punkte). So kann jeder punkten.

Material

ein Softball

4-Sachen-Rennen

Die Mitspieler werden in gleich große Mannschaften eingeteilt. Jede Mannschaft stellt sich zu Spielbeginn in eine Hallenecke. In der Hallenmitte liegen entsprechend der Anzahl der Mannschaften verschiedene Arten Kleingeräte in vierfacher Ausfertigung.
Auf ein Signal der Spielleitung läuft der erste Läufer jeder Mannschaft zur Mitte, nimmt sich dort ein Kleingerät seiner Wahl (z.B. einen Ball), bringt es zurück zur Mannschaft und schickt per Handschlag den zweiten Läufer in das Rennen. Der zweite Mitspieler läuft zur Mitte und versucht dort das gleiche Kleingerät zu holen. Ist dieses Gerät schon von einer anderen Mannschaft weggenommen, läuft er in die Ecke dieser Mannschaft und holt von dort das Kleingerät in seine eigene Ecke. Jeder Läufer darf während seines Laufeinsatzes nur ein Gerät transportieren (holen oder wegbringen). Danach muss er warten, bis er wieder an der Reihe ist. Nach einem sehr lustigen Durcheinander und einer hohen Laufintensität gewinnt die Mannschaft, die als erste vier gleiche Kleingeräte in ihrer Ecke hat.

Tipp

Dieses Spiel ist für Kinder geeignet, die schon ein bisschen taktieren können, da man sich ggf. während der Spieldurchführung spontan auf ein anderes Gerät einigen muss. Es ist ausdrücklich erlaubt, auch Geräte, die andere Mannschaften sammeln, aus deren Ecke in eine andere zu transportieren.

Material

pro Mannschaft entsprechend der Teilnehmerzahl unterschiedliche Kleingeräte (bei vier Mannschaften z.B. 4 Keulen, 4 Gymnastikbälle, 4 Seilchen und 4 Reifen)

Sitz, Hase! – Lauf, Hase!

Alle Kinder bewegen sich durch die Halle und dürfen jederzeit einem anderen laufenden Kind auf die Schulter tippen und dabei „Sitz, Hase!“ sagen. Das berührte Kind hockt sich so lange hin, bis ihm wiederrum ein Kind auf die Schulter tippt und „Lauf, Hase!“ sagt.

Variation

Weitere Kommandos können eingeführt werden:

- Hüpf, Hase! –
  Das berührte Kind hüpft auf der Stelle.
- Such dir einen Freund, Hase! –
  Das Kind nimmt sich einen Partner, mit dem es zusammen weiterläuft.
- Schlaf, Hase! –
  Auf den Boden legen und schlafend stellen.

Das Kommando „Lauf, Hase!“ löst alle zusätzlichen Kommandos wieder auf.

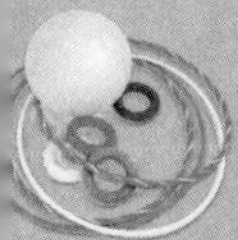

Spiele zum Fangen und Weglaufen

Jeder fängt jeden

Bei dieser ganz einfachen Form des Fangenspiels dürfen alle gleichzeitig Fänger sein. Sobald ein Spieler jedoch von einem anderen berührt wird, bleibt er stehen, stellt sich breitbeinig und mit ausgestreckten Armen hin und wartet so lange, bis ein anderer Mitspieler ihn am Arm einmal im Kreis dreht. In diesem Moment wird er sofort erneut zum Fänger, bis er wieder berührt wird usw.

Räuber Hotzenplotz-Fangen

Auch bei dieser Spielidee darf jeder Fänger sein! Zu Beginn wählt jedes Kind geheim einen anderen Mitspieler aus, den es beim Spielstart fangen möchte. Gleichzeitig muss es aber aufpassen, dass es nicht vor dem Erreichen seines Zieles selbst gefangen wird. Alle, die es geschafft haben, ihr vorher ausgesuchtes Kind zu fangen, bekommen einen Punkt.

Variation

Die abgeschlagenen Kinder dürfen eine Pause machen und beim bunten Treiben zusehen. Besonders spannend wird es, wenn nur noch wenige Kinder übrig sind.

Kaugummifangen

Je nach Alter oder Verfassung geht es beim Kaugummifangen darum, eine immer länger werdende Fängerkette zu bilden, daher wird es auch Monsterfangen genannt. Dabei beginnt ein Fänger (ein Stück Kaugummi/ein kleines Monster) möglichst viele Mitspieler abzuschlagen, die dem Fänger die Hand geben und beim Fangen helfen. Wichtig ist, dass nur die Enden der Kette mit ihren freien Händen Läufer abschlagen dürfen.

Variationen

Bei großen Hallen und/oder vielen Mitspielern sollten mehrere Stücke Kaugummi/Monster gleichzeitig beginnen.

Wenn die Hexe kocht

Bei diesem Spiel handelt es sich um ein altes Bewegungsspiel mit neuem Schliff. Ein Kind spielt die Hexe und stellt sich mit dem Rücken nah an eine Raumwand, alle anderen Mitspieler stellen sich ihr gegenüber mit dem Rücken zur anderen Wand nebeneinander auf.

Die Kindergruppe stellt nun laut die Frage: „Hexe, Hexe, was kochst du heute?“ Nennt die Hexe ein gesundes Lebensmittel, springen alle Kinder entsprechend der Silbenzahl auf die Hexe zu, nennt sie jedoch ein Hexengericht, drehen sich alle Kinder schnell um und laufen zurück in eine Zone, wo sie von der Hexe nicht mehr gefangen werden können. Alle gefangenen Kinder werden Hexenhelfer und fangen fortan mit.

14

Hilfe-Fangen

Beim Hilfe-Fangen können sich die Kinder vor dem Fänger retten, indem sie schnell zu zweit per Handfassung zusammen gehen, bevor der Fänger einen der beiden abschlägt. Der Fänger muss in diesem Fall weiterlaufen, die beiden Kinder müssen sich schnell wieder trennen.

Variation

Die Anzahl der Helfer, die benötigt werden, um nicht abgeschlagen zu werden, kann erhöht werden (zu dritt oder zu viert zusammen).

Sanitäter-Fangen

Ein Fänger hat die Aufgabe, die Mitspieler mit einem Ball an möglichst unterschiedlichen Körperstellen abzuwerfen. Die abgeworfenen Kinder werden zu Helfern des Fängers und dürfen nun auch mit einem Ball abwerfen. Aber zuvor müssen sie ihre Wunde verarzten indem sie eine Hand als „Pflaster“ auf die getroffene Stelle legen. In dieser Haltung laufen sie mit ihrem „Pflaster“ weiter.

Material

mehrere Schaumstoffbälle

Haifischfangen

Zwei Kinder geben sich die Hand und bilden so zusammen einen Hai als Fänger. Alle anderen Kinder laufen alleine als Sardinen durch die Halle. Sobald der Hai eine Sardine gefangen hat, läuft diese schnell zur Ölsardinendose (eine Matte). Dort verwandeln sich immer zwei Sardinen zu einem Hai und helfen den Haien.

Material

eine Matte

Der hungrige Geier

Bei dieser Idee spielt ein Kind den gefräßigen Geier, ein Kind die beschützende Henne und alle anderen Kinder spielen Küken. Die Küken stellen sich in einer Reihe hinter die Henne und legen die Hände auf die Schultern des vorderen Kindes. Der gefräßige Geier stellt sich vor die Henne und versucht nun, möglichst schnell das letzte Küken zu berühren. Das versuchen sowohl die Henne als auch die Küken zu verhindern, wobei die Henne auch ihre Arme zur Hilfe nehmen darf. Gelingt es dem Geier doch, wechseln die Rollen.

Schwarz-weiß

Zwei Mannschaften (eine weiße, eine schwarze) stellen sich gegenüber in einer Gasse auf. Der Abstand zwischen beiden Gruppen hängt dabei von der Reaktionszeit und der Laufgeschwindigkeit der Kinder ab und sollte nach den ersten Durchgängen ggf. angepasst werden. Die Spielleitung nennt laut und deutlich eine der beiden Farben. Die genannte Farbe ist das Startsignal und legt fest, welche Mannschaft fangen darf. Die andere Mannschaft dreht sich möglichst schnell um und versucht sich hinter eine Linie zu retten, hinter der nicht mehr gefangen werden darf. Achtung: Die Zone dahinter muss unbedingt groß genug sein, damit kein Kind gegen die Wand läuft! Für jedes abgeschlagene Kind gibt es einen Punkt für die Fängermannschaft.

Variation

Die abgeschlagenen Kinder wechseln die Mannschaft. Am Ende gewinnt die Mannschaft mit den meisten Kindern.

Für die Orientierung ist es hierbei ratsam, wenn auf der jeweils gegenüberliegenden Hallenwand der schwarzen Mannschaft ein schwarzes Blatt angehängt wird, ebenso auch für die weiße Mannschaft ein weißes Blatt. So können die Kinder in der Ausgangsposition sehen, in welcher Mannschaft sie gerade spielen.

Farbwürfel-Fangen

In der Halle werden sechs farbige Blätter Papier entsprechend den Farben des Farbwürfels an den Wänden aufgehängt. Die Mitspieler bilden sechs Mannschaften und stellen sich jeweils zu ihrem Farbblatt.
Nun würfelt die Spielleitung mit dem Farbwürfel und nennt die Farbe. Die entsprechende Mannschaft wird zur Fängermannschaft und versucht, möglichst viele andere Kinder zu fangen. Nach 1-2 Minuten stoppt die Spielleitung und alle abgeschlagenen Kinder setzen sich auf den Boden. Für jedes abgeschlagene Kind bekommt die Fängermannschaft einen Punkt. Nach mehreren Durchgängen wird zusammengezählt.

Variation

Es kann die Regel eingeführt werden, dass die abgeschlagenen Kinder zur Fängermannschaft wechseln.

Material

ein Farbwürfel, sechs Blatt Papier in den Würfelfarben, eine Stoppuhr

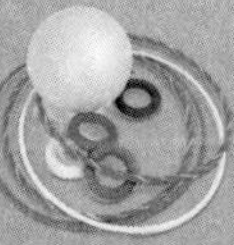

Spiele mit Bällen und Alltagsmaterial

Reifen-Aufholjagd

Alle mitspielenden Kinder bilden einen Kreis und halten sich an den Händen fest. Ein Reifen wird zwischen zwei Kindern auf deren Hände gehängt. Nun versucht jedes Kind nacheinander durch den Reifen zu steigen, ohne die Hände des Nachbarkindes loszulassen. Der Reifen wandert somit im Kreis herum.

Variation

Es werden mehrere Reifen in den Kreis gegeben und die Kinder sollen versuchen, so schnell durch die Reifen zu steigen, dass möglichst ein Reifen einen anderen einholt! Das Kommando „Richtungswechsel“ bringt zusätzliche Spannung!

Variation 2

Als Mannschaftswettspiel stellen sich die Kinder in Reihen nebeneinander auf, der Reifen liegt neben einem außenstehenden Kind. Gewonnen hat die Gruppe, bei der der Reifen als Erstes auf der anderen Seite auf dem Boden liegt.

Material

mehrere Reifen

21

Schiffe versenken

Zwei Kinder werden zu Piraten und bekommen jeweils einen Ball. Alle anderen Kinder erhalten jeweils einen Reifen, den sie als Schiff um die Körpermitte halten und bewegen sich so durch den Raum.
Die Piraten verfolgen nun die Schiffe und versuchen mit ihren Bällen in die Reifen zu treffen. Gelingt ihnen dies, wird der Reifen auf den Boden gelegt (das Schiff sinkt) und aus dem Spiel genommen. Das „schiffbrüchige" Kind rettet sich auf ein anderes Schiff, indem es sich zu einem anderen Kind in den Reifen stellt. Mehr als zwei Kinder sollten nicht in einem Reifen stehen, d.h. beim zweiten Abwurf scheidet das Paar aus.

Material

zwei kleine Schaumstoffbälle, für jedes Kind einen Reifen

Oster-WM

Bei dieser außergewöhnlichen WM treten nur zwei Mannschaften an: die Hühner und die Osterhasen. Die Mannschaften werden eingeteilt und stellen sich in eine Zone nahe einer Wand. Zur Vorbereitung werden alle Bierdeckel als „Eier“ im Raum so verteilt, dass die eine Hälfte mit der bunten Seite, die andere Hälfte mit der weißen Seite nach oben zeigt.

Bevor es losgeht, wird den Kindern erklärt, dass alle Hühner lieber weiße Eier haben, die Osterhasen jedoch die bunten Eier bevorzugen. Nach dem Startsignal krabbeln alle Mitspieler durch den Raum und drehen die Bierdeckel so, dass ihre „Lieblingsseite“ nach oben zeigt. Nach 2-3 Minuten wird das Spiel beendet und die Mannschaft ermittelt, die mehr Eier mit der eigenen Lieblingsfarbe nach oben gedreht hat.

Nach dem Abpfiff sollten die Kinder eine Aufgabe bekommen (z. B. zurück in die Ausgangszone und dort 10x hüpfen), damit keiner mehr weitere Deckel umdreht.

Material

Viele Bierdeckel, die auf einer Seite bunt, auf der anderen Seite weiß sind.

Störche im Salat

Es wird ein Reifen mehr benötigt, als Kinder mitspielen. Alle Reifen werden ohne Abstand auf den Boden gelegt und stellen ein Salatfeld dar. Die Kinder werden jetzt zu Störchen und stellen sich jedes in einen Reifen, ein Reifen bleibt frei. Die Störche haben nun die Aufgabe, sich zur Musik durch die Salate zu bewegen. Sobald die Musik stoppt, sollte jeder Storch allein in einem neuen Salat stehen. Alle Kinder, die zu zweit auf einem Salat stehen, gehen als Pärchen weiter. Nach und nach werden Salate aus dem Spiel genommen. Wer ist am längsten allein unterwegs?

Material

einen Reifen mehr, als Kinder mitspielen, Musik und Abspielgerät

Stopp-Ball

Alle Kinder stehen zu Beginn des Spiels in einem engen Kreis um das Ballkind. Dieses wirft den Ball in die Luft, was als Startsignal für alle andere Kinder gilt, um sich möglichst weit zu entfernen. Sobald das Ballkind den Ball wieder aufgefangen hat, ruft es laut „Stopp" und versucht nun, eines der Kinder mit dem Ball abzuwerfen. Wer getroffen wird, ist neues Ballkind.

Variation

Bei vielen Mitspielern stehen zwei Kinder mit zwei Bällen in der Kreismitte. Sie spielen sich die Bälle zweimal zu, bevor sie „Stopp" rufen.

Material

ein Ball

Handtuch-Ball

Jeweils zwei etwa gleichgroße Kinder halten ein Handtuch zwischen sich, auf das ein Ball gelegt wird. Um die Materialien kennenzulernen, üben die Kinder zunächst, den Ball mit dem Handtuch hochzuwerfen und wieder aufzufangen. Später versuchen sie dies, während sie sich dabei im Raum bewegen. Danach spielen sich zwei Paare einen Ball zu.
Gelingt auch dies gut, können nun zwei Mannschaften gegeneinander spielen. Dazu wird in die Mitte eines markierten Feldes eine Bank gestellt. Die Paare verteilen sich gleichmäßig in den zwei Feldern und dürfen sich bis zu dreimal den Ball im eigenen Feld zuspielen, bis der Ball in das andere Feld gespielt werden muss. Sobald der Ball auf den Boden fällt, bekommt die gegnerische Mannschaft einen Punkt.

Material

zu zweit einen Softball und ein Handtuch

Fliegenklatschen-Farben-patschen

Im Raum werden viele bunte Bierdeckel verteilt. Die Kinder bewegen sich durch den Raum, bis eine der Farben genannt wird. Alle versuchen nun möglichst schnell einen entsprechenden Farbbierdeckel zu finden und schlagen mit ihrer Fliegenklatsche darauf. Dieser Bierdeckel darf behalten werden. Schlagen mehrere Kinder auf einen Bierdeckel, behält das Kind den Bierdeckel, dessen Fliegenklatsche zuunterst liegt. Die anderen Kinder suchen im Raum schnell einen anderen entsprechenden Farbdeckel. Wer hat am Ende die meisten Bierdeckel?

Material

pro Kind eine Fliegenklatsche, viele Bierdeckel in den Farben rot, grün, blau und gelb

Ballonkünstler unterwegs

Jedes Kind erhält einen aufgeblasenen Ballon und eine Fliegenklatsche. Die Kinder versuchen zunächst allein, ihren Ballon mit der Fliegenklatsche zu balancieren oder hoch zu halten. Das kann mit der rechten und der linken Hand, sowie vorwärts und rückwärts ausprobiert werden.

Variation

Die Kinder stellen sich gegenüber auf und spielen sich den Ballon zu. Mit einem Flatterband als Netz ist die Spannung noch größer.

Material

pro Kind eine Fliegenklatsche und ein Ballon

Der Zeitungs-Schleuder-Ball

Die Kinder stellen zunächst einen Schleuder-Ball her. Dafür wird aus zwei großen Zeitungsbögen ein Ball geformt. Bunte Kreppbänder werden an einer Stelle mit Klebeband als Schwanz an den Zeitungsball geklebt. Das Stoffquadrat/die Serviette wird nun so um den Ball gelegt, dass der Schwanz hinten heraushängt, und mit der Kordel eng verschnürt. (Der Kordelrest hängt mit in den Schwanz hinein.) Jetzt kann der Ball geworfen und geschleudert werden.
Spielidee: Zwei Mannschaften in zwei Feldern, die durch eine Bank getrennt sind, versuchen möglichst viele Zeitungsbälle in das gegnerische Feld zu werfen. Wer zum Spielschluss weniger Bälle in seinem Feld hat, gewinnt.

Material

pro Ball: Zeitungspapier, Stoffquadrat oder Serviette, in Streifen geschnittenes buntes Krepppapier, ein Stück Kordel; pro Gruppe: Schere, Tesafilm

Handball, Fußball, Tor

Zur Vorbereitung des Spiels bilden die Kinder Paare. Ein Kind formt aus seinem Zeitungsbogen einen Ball. Das andere Kind faltet seinen Zeitungsbogen zweimal und reißt die Ecke mit den Falzkanten so ab, dass, wenn die Zeitung wieder auseinandergefaltet wird, ein Tor-Loch entstanden ist. Der Zeitungsball kann nun durch das Tor in unterschiedlicher Höhe geworfen oder geschossen werden.

Variation

Auch mehrere Zeitungstore können hintereinander gehalten werden. Wer trifft durch die meisten Tore?

Material

viele Zeitungsbögen

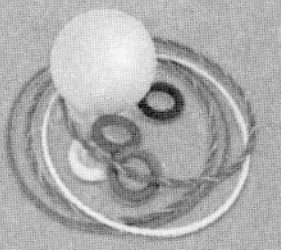

Kunterbunte Staffelspiele

Memo-Staffel

Pro Mannschaft werden entsprechend der Anzahl der Kinder Memo-Kartenpaare herausgesucht. Eine der Karten wird an der Startlinie auf einen Stapel gelegt, die andere Karte verdeckt (für Kleinere offen) nebeneinander beim Wendemal.
Nach dem Startsignal nimmt das erste Kind die oberste Karte vom Stapel und läuft damit zur gegenüberliegenden Seite, wo es so lange die verdeckten Karten umdreht, bis es die Partnerkarte gefunden hat und mit beiden zurückläuft. Das zweite Kind wartet hinter der Startlinie, bis es vom ersten Kind abgeschlagen wird und starten darf. Gewinner ist die schnellste Mannschaft, aber nur dann, wenn alle Pärchen hintereinander auf einem Stapel liegen.

Differenzierung

Besonders viel Rennerei, Grübelei und Teamarbeit entsteht, wenn der Läufer am Wendemal immer nur eine Karte aufdecken darf. Findet er das passende Pärchen nicht, dreht er die Karte wieder um und der nächste

Läufer muss sein Glück versuchen. Tipps der anderen Läufer sind dabei natürlich erlaubt.

Material

für jeden Mitspieler ein Memokarten-Pärchen

31

Baumeister-Staffel

Die Mannschaften stellen sich hinter die Startlinie. Die Spielleitung erzählt eine „Bob der Baumeister"-Geschichte, bei der Bob kleine, mittlere und große Steine in unterschiedlichen Farben benötigt. Sobald ein Baustein beschrieben wird, läuft das erste Kind los und holt das entsprechende Teil. Alle weiteren Teile werden nach und nach auf den ersten Stein gebaut, so dass die Spielleitung am Ende vergleichen kann (aber gewiss nicht muss!), ob alle Teile in der richtigen Reihenfolge verbaut wurden.

Variationen

Kleinere Kinder haben nur die Aufgabe, jeweils einen Stein zu holen und alle Steine nach und nach zusammenzubauen.
Um die Staffel noch schwieriger zu gestalten, kann den Mannschaften eine Bauvorlage gezeigt werden, die nachgebaut werden soll. Diese Vorlage sollte an der Startlinie liegen bleiben.

Material

viele einzelne Kunststoff-Bausteine in unterschiedlichen Größen und Farben, die am Wendemal auf Kästen oder Stühlen (bitte nicht auf dem Boden wegen Rutschgefahr) verteilt werden.

32

Smiley-Staffel

Jede Mannschaft stellt sich in einer Reihe hinter die Startlinie. Das erste Kind würfelt und nennt die gewürfelte Zahl der eigenen Mannschaft. Danach macht es sich auf den Weg um das Wende-Mal und malt, sobald es wieder bei der Mannschaft ist, entsprechend der Würfelaugen Smileys auf das Blatt. Die restliche Mannschaft hüpft nach dem Würfeln des ersten Kindes die genannte Würfelzahl am Platz. Anschließend darf sofort das nächste Kind würfeln und starten. Gewonnen hat die Mannschaft, die entweder am schnellsten war, die meisten Smileys oder die schönsten Smileys gemalt hat.

Material

pro Mannschaft ein großes, weißes Blatt, einen Buntstift, einen Zahlenwürfel und ein Wende-Mal (kleiner Kasten, Pylone, Mousepad mit Smiley ...)

Gemälde-Staffel

Bei dieser Staffel sind Schnelligkeit und Kreativität gefragt! Wieder stehen alle Mitspieler in Gruppen hinter einer Startlinie. Gegenüber den Gruppen hängt pro Mannschaft das große Papierblatt an der Wand. Auf Kästen daneben liegen die Wachsmalstifte.
Auf ein Startsignal hin läuft der erste Spieler bis zum Blatt und malt sich selbst so gut es geht darauf! Sobald er zurück ist, darf er den nächsten ins Rennen schicken usw.

Tipp

Diese Staffel ist bei Familien-Sportfesten im wahrsten Sinne des Wortes der Renner, weil meist besonders originelle Gemälde entstehen, die später die Einrichtungen schmücken können.

Material

pro Mannschaft ein großes, weißes Blatt, Wachsmalstifte, ein Kasten oder Stuhl

Socken-Staffel

Zur Vorbereitung wird eine lange Leine in Kinderhöhe an einer Wand befestigt bzw. bei großen Hallen quer durch den Raum gespannt. Alle Wäscheklammern werden entweder am Start in Stoffbeutel gefüllt oder schon auf der Leine verteilt. Die Socken der jeweiligen Mannschaft liegen durcheinander in einem kleinen Korb. Jeder Läufer hat die Aufgabe, seine eigenen Socken in zwei Lauf-Durchgängen nebeneinander aufzuhängen.

Variationen

- Die Socken hängen zu Beginn an der Leine und müssen abgenommen werden. Gewonnen hat die Mannschaft, die ihre Socken alle wieder richtig angezogen hat. (Erst anziehen, wenn nicht mehr gelaufen wird.)
- Beide Socken müssen vor dem Laufen aus dem Korb gesucht werden und dann zusammen an der Leine aufgehängt werden.
- Vor dem Start werden die Socken erst einmal ausgezogen und dann an die Leine gehängt.

- Der „Waschtag-Marathon“ beinhaltet folgende Reihenfolge: Socken beide ausziehen, beim ersten Lauf einen aufhängen, beim nächsten Lauf den nächsten, dann beide nacheinander wieder abhängen, wieder anziehen. Die Gruppe, die zuerst alle eigenen Socken wieder anhat, hat den Marathon gewonnen!

Material

eine lange Leine, viele Wäscheklammern, für jede Mannschaft ein Stoffbeutel, ein kleiner Korb, die Socken der Kinder

Transporter-Staffel

Bei der Transporter-Staffel sind Schnelligkeit, Koordination und Taktik gefragt. Viele kleine Plastikbälle werden in Körbe oder umgedrehte Kästen zum Wendemal gelegt. Der erste Läufer nimmt sich einen Ball aus dem Kasten, läuft zurück und übergibt dem zweiten den Ball. Dieser Läufer holt einen zusätzlichen Ball und übergibt beide Bälle an den dritten Läufer usw. Somit werden immer mehr Bälle transportiert. Bälle, die während der Staffel herunterfallen, dürfen nicht wieder aufgehoben werden. Gewonnen hat die Mannschaft, die nach einer vorher abgesprochenen Zeit oder einem Durchgang die meisten Bälle transportiert.

Material

viele kleine Plastikbälle, Kästen oder Körbe

Schulbus-Staffel

Die Bus-Staffel wird als Pendelstaffel gespielt. Hierbei teilt sich jede Mannschaft in zwei Gruppen, die sich mit großem Abstand gegenüber aufstellen. Ein Kind (das gerne und gut läuft) spielt den Busfahrer. Es startet auf einer Seite, (bei ungerader Anzahl von Läufern auf der „stärkeren" Seite, wo mehr Kinder stehen), nimmt auf der anderen Seite ein Kind an die Hand und läuft mit ihm wieder zurück. Da der Bus ohne Busfahrer nicht fahren kann, bleibt der Busfahrer immer vorne. Und da alle Kinder zur Schule wollen, steigt kein Kind aus und die Kette wird demnach immer länger. Es macht Sinn vor Spielbeginn die Kinder zu fragen, an welcher Stelle sie im Bus mitfahren wollen. Gewonnen hat der Bus, der als Erstes mit allen Kindern die „Schule" (das Ziel) erreicht.

Jetzt wird's nass!

Diese Staffel ist zweifelsohne eine „Schön-Wetter-Staffel“, die unbedingt draußen durchgeführt werden sollte. Am Start jeder Mannschaft steht ein gefüllter Wassereimer, in dem ein Schwamm liegt, am Wendemal jeweils der leere Eimer. Jeder Läufer hat die Aufgabe, den nassen Schwamm möglichst ohne viel Wasser zu verlieren zum anderen Eimer zu tragen, wo der Schwamm ausgedrückt werden soll. Nach einigen Durchgängen wird verglichen, welche Mannschaft den höchsten Wasserstand hat!

Variation

Alternativ kann ein Plastikbecher genutzt werden, in den ggf. zusätzlich ein kleines Loch gebohrt wird. Als zusätzliche Regelverschärfung können Schwämme oder Becher auch über dem Kopf transportiert werden.

Material

pro Mannschaft einen großen Schwamm, zwei Eimer, einen mit Wasser gefüllt, einen ohne

Puzzle-Staffel

Alle Puzzleteile des Puzzles werden am Wendemal jeder Mannschaft verteilt. Jedes Staffelkind holt ein Teil zurück zur Startlinie, wo die Kinder, die gerade nicht laufen, das Puzzle zusammenlegen.

Variation

Spielt man das Staffelspiel genau anders herum, haben die Kinder die Aufgabe, einzelne Puzzleteile vom Start zum Wendemal zu bringen, um dort nach und nach das Puzzle fertigzustellen. Bei dieser Version versucht jedes Kind sein Puzzleglück allein. Taktisch klug ist es, wenn ein besonders guter Puzzler zum Schluss läuft, um das Puzzle fertigzustellen.

Material

pro Mannschaft ein altersgemäßes Puzzle

Stiefel- oder Flossenstaffel

Auch diese Staffel sollte draußen, möglichst auf einer Wiese gespielt werden. Jeder Läufer steigt vor seinem Einsatz entweder in zu große Stiefel (Kinderversion) oder in ein Paar Flossen (eher Erwachsenen-Version). Die Stiefel bzw. Flossen werden immer an den nächsten Läufer übergeben.
Beide Staffelideen sollten als Pendelstaffel durchgeführt werden, weil das Drehen am Wendemal sowohl mit zu großen Stiefeln als auch mit Flossen enorm schwer ist. Die Teilnehmer sollten als Voraussetzung eine gewisse Sportlichkeit mitbringen.

Material

zu große Stiefel oder Flossen

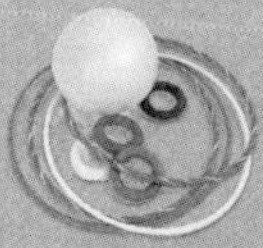

Spiele im Kreis

Level-Alarm

Alle Mitspieler bilden einen Kreis und geben sich die Hände. Die Handfassung wird während des gesamten Spiels beibehalten. Die Spielleitung erklärt die verschiedenen Kommandos, die direkt ausprobiert werden.

- Level 1: Alle Kinder laufen in eine Kreisrichtung.
- Level 2: Alle hüpfen gemeinsam 5 Mal.
- Level 3: auf den Boden knien
- Level 4: in den Langsitz setzen (Beine nach vorne gestreckt)
- Level 5: auf den Rücken legen
- Level 6: Alle laufen in die Mitte, wobei die Spielleitung den Satz ruft: „Gemeinsam sind wir ..." und die Kinder ergänzend rufen: „stark!"

Sobald die Kommandos eingeübt sind, können die Level-Kommandos in unterschiedlicher Reihenfolge genannt werden.

Komm Kumpel – Lauf Kumpel

Wie beim bekannten Plumpssackspiel läuft ein Kind (Läufer) um den Kreis herum. Tippt er einem Kind auf die Schulter und ruft: „Komm Kumpel!“, versucht das Kind blitzschnell in die Richtung des Läufers zu laufen und ihn zu überholen, um vor ihm wieder den eigenen Platz im Kreis zu erlaufen.
Bei dem Kommando „Lauf Kumpel“ läuft das angetippte Kind in die Gegenrichtung. Wer als Zweites zum freien Platz kommt, spielt Läufer.

Variation

Damit die wartenden Kinder im Kreis nicht nur stehen, gibt der Läufer immer wieder neue Aufgaben, die die Kinder ausführen, z. B. alle klatschen, hüpfen, stampfen.

Bewegtes Memo

Zwei Kinder verlassen den Raum. Alle anderen bilden Paare und überlegen sich eine identische Bewegung (beide springen, beide drehen sich einmal, Arme hoch, usw.). Sobald jedes Paar eine Bewegung gefunden hat, sollten die Ideen kurz vorgestellt werden um Doppelungen auszuschließen. Danach stellen sich alle Pärchen verteilt in einen großen Kreis.
Nun werden die Kinder von draußen hereingerufen. Eines beginnt und tippt nacheinander zwei Kreiskinder an, die ihre Bewegung vormachen. Wie beim bekannten Legespiel hat ein Kind nach dem erfolgreichen Aufdecken eines Paares noch einen Versuch.

Variation

Wenn die ausgedachten Bewegungen der Pärchen durch gleiche Geräusche begleitet werden, wird es besonders lustig! Diese Zusatzregel sollten nur spielerfahrene Kinder ausprobieren, weil man sich nun zwei Vereinbarungen merken muss.

Tipp

Für kleinere Kinder macht es Sinn, Karten mit den Bewegungsideen als Erinnerungsstütze auszuteilen.

Bodyguard und Star

Zwei Mitspieler stehen in der Mitte eines großen Kreises. Ein Kind spielt den Star, ein Kind den Bodyguard, beide dürfen sich im Kreis frei bewegen.
Die Kreiskinder versuchen nun mit einem Ball den Star abzuwerfen, was der Bodyguard versucht zu verhindern, indem er den Star mit seinem Körper schützt. Ist der Star doch getroffen, dürfen zwei andere Kinder in die Mitte des Kreises.

Material

Schaumstoffball

Bewegter Obstsalat

Jedes Kind steht im Kreis auf einem Mousepad. Die Zutaten des Obstsalates werden bestimmt und jeder Zutat wird eine Bewegungsidee zugeteilt, z.B. Apfel = 2x hüpfen, Banane = 3x klatschen, Apfelsine = Beine springend 2x seitlich grätschen und wieder zusammen ... Ein Chefkoch wird bestimmt, der sich in der Kreismitte auf sein Mousepad stellt und nun die Zutaten nennt. Alle Kinder im Kreis führen die entsprechenden Bewegungen aus. Beim Kommando „Obstsalat" suchen alle Kinder und der Chefkoch neue Plätze im Kreis. Wer keinen Platz gefunden hat, wird neuer Chefkoch.

Material

pro Kind ein Mousepad oder eine Teppichfliese

Hochstapeln

Die Kinder sitzen im Kreis auf Stühlen, die sie zu Spielbeginn markieren (Jacke über Lehne hängen, Socke drunter o.ä.). Der Reihe nach werden den Kindern die Uno-Farben zugeordnet (rot, grün, gelb, blau, rot ...). Die Spielleitung deckt nach und nach die Uno-Spielkarten auf und nennt dazu laut die Farbe. Alle Kinder dieser Farbe rücken im Uhrzeigersinn einen Stuhl weiter und setzen sich auf den Schoß des darauf sitzenden Kindes. Weiterrücken ist aber nur dann erlaubt, wenn ein Kind alleine oder als Oberstes auf einem Stuhl sitzt. Alle darunter sitzenden Kinder sind blockiert und können nicht weiterrücken, wenn ihre Farbe genannt wird. Gewonnen hat das Kind, das als Erstes wieder auf dem markierten eigenen Stuhl sitzt!

Material

ein Uno-Kartenspiel, pro Kind einen Stuhl

Mein Name ist Joe

Alle im Kreis stehenden Kinder sprechen der Spielleitung rhythmisch den Text Zeile für Zeile nach. Dabei drehen sie anfangs mit der Hand pantomimisch einen runden Knopf, später bewegen sie zusätzlich das jeweils genannte Körperteil.

Hallo, mein Name ist Joe.
Und ich arbeite in einer Knopffabrik.
Eines Tages kam mein Chef zu mir.
Er fragte, bist du beschäftigt? Ich sagte nein.
Er sagte, dreh den Knopf doch mit der andren Hand!

In jedem Durchgang wird ein neues Körperteil dazu genommen, z.B. das linke/rechte Bein, der Oberkörper, der ganze Körper. In der letzten Strophe ändert sich die vierte Zeile des Textes folgendermaßen: „Er fragte, bist du beschäftigt? Ich sagte JAAAAAA!“. In diesem Moment fallen die Kinder stöhnend um.

Pferderennen

Die Kinder knien im Kreis oder sitzen auf Stühlen dicht nebeneinander und hören einen spannenden Pferderennbericht. Die Spielleitung sitzt mit im Kreis und macht zur Geschichte folgende Bewegungen, die alle sofort nachahmen.

- Galopp: mit den Händen auf die eigenen Oberschenkel klopfen
- Kleine Kurve: nach rechts lehnen
- Große Kurve: nach links lehnen
- Ochser: Arme strecken und mit Körper hochrecken („Wupp!“)
- Doppelochser: wie oben, nur zweimal („Wupp, wupp!“)
- Gerangel: böse nach rechts und links gucken, vorsichtig rangeln
- Wassergraben: mit den Fingern Unterlippe schnalzen, beide Hände auf Oberschenkel klopfen („Platsch!“)
- Holzbrücke: mit Fäusten gegen eigenen Brustkorb klopfen
- Fresspause: Arme gestreckt Richtung Boden, Kopf vorn überbeugen: „Quiiiiietsch, mampf!“

- Zuschauertribüne: wildes Winken und Applaudieren
- Fotografen: mit imaginärem Fotoapparat knipsen
- Queen: Queen-mäßig winken
- Zielfoto: breites Grinsen

Bei der Geschichte sind der Fantasie keine Grenzen gesetzt. Sie kann noch ausgeschmückt werden durch das aufgeregte Warten in der Startbox (mit den Hufen scharren, rechts und links Gegner kritisch angucken) und vor allem die gleichzeitige Überschreitung der Ziellinie.

Elfmeter-Training

Alle Kinder stehen mit gegrätschten Beinen im Kreis. Ein Elfmeter-Schütze wird ausgesucht, der aus der Kreismitte versucht, den Ball durch die gegrätschen Beine der Kreiskinder zu schießen. Verteidigen dürfen die Kinder ihr Tor mit Händen und Füßen. Wer ein Tor kassiert, wird neuer Elfmeter-Schütze.

Variationen

- Der Elfmeter-Schütze bekommt 2 Minuten Trainingszeit (oder 10 Versuche) für seine Elfmeterschüsse. Die Tore werden gezählt. Bei vielen Kindern im Kreis sollten zwei Elfmeterschützen zeitgleich aktiv sein.
- Älteren Kindern werden die Augen verbunden und es wird mit einem Klingelball gespielt

Material

Schaumstoffball

Nehmen und Geben

Im engen Sitzkreis hält jedes Kind in der linken Hand ein Sandsäckchen, das es beim Kommando „Nehmen“ in die eigene rechte Hand nimmt und beim Kommando „Geben“ mit der rechten Hand in die linke Hand des rechten Nachbarn legt. Dabei sprechen entweder alle gemeinsam, oder die Spielleitung gibt die Geschwindigkeit vor.
Sobald die Kinder den Ablauf kennen, ergänzen knifflige Extras den weiteren Spielverlauf: Macht die Spielleitung z. B. beim Sprechen eine Pause, müssen auch die Kinder sofort innehalten. Auch ein Richtungswechsel kann angekündigt werden. Die schwierigste Variante wird blind, schnell, mit Richtungswechsel und Pausen gespielt.

Material

pro Kind ein Sandsäckchen oder Tennisball

Don Bosco MiniSpielothek
Klein, fein, alles drin

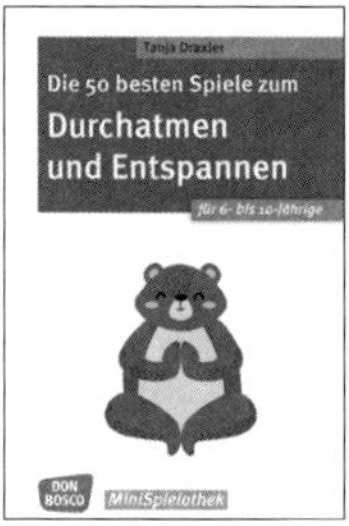

ISBN 978-3-7698-2569-5

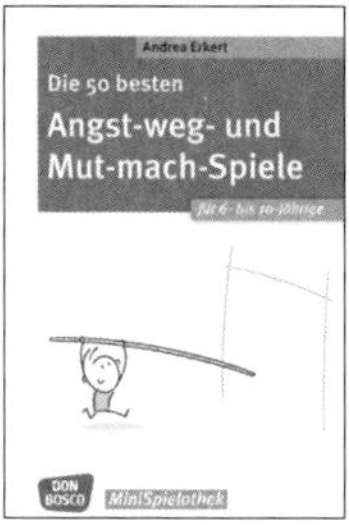

ISBN 978-3-7698-2565-7

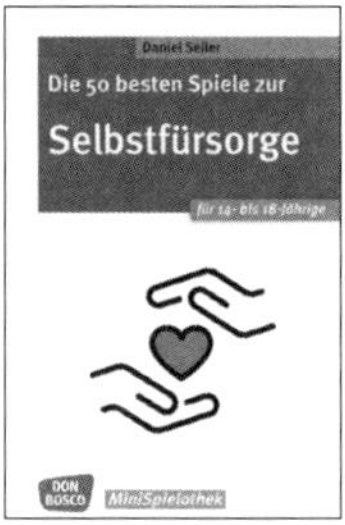

ISBN 978-3-7698-2558-9

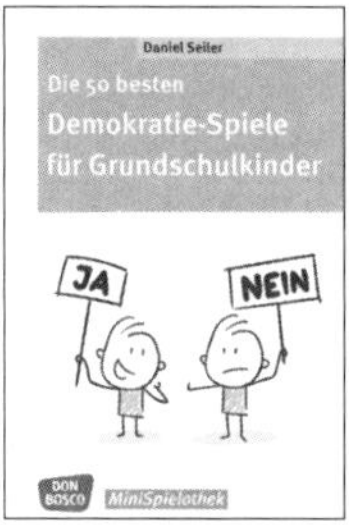

ISBN 978-3-7698-2559-6

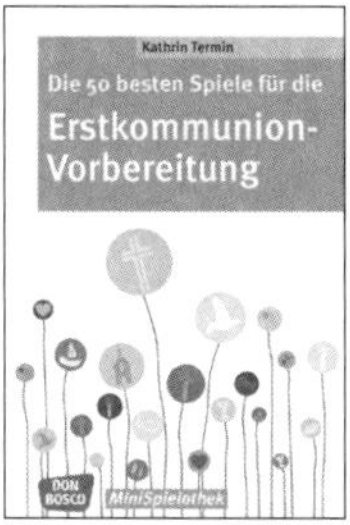

ISBN 978-3-7698-2556-5

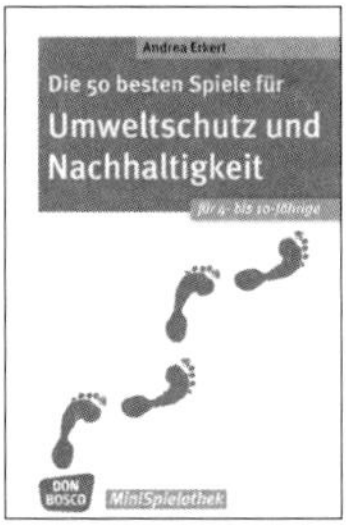

ISBN 978-3-7698-2555-8

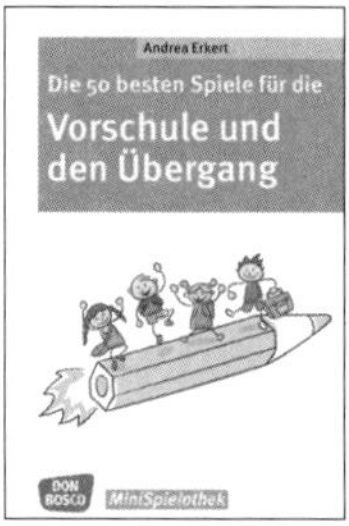

ISBN 978-3-7698-2546-6

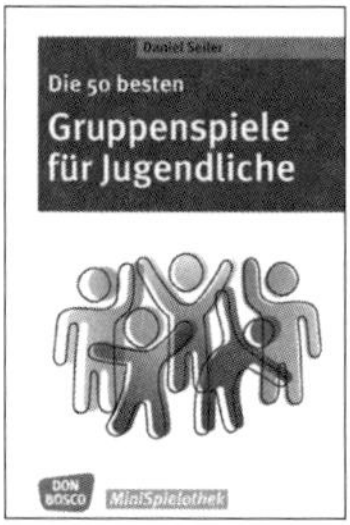

ISBN 978-3-7698-2545-9

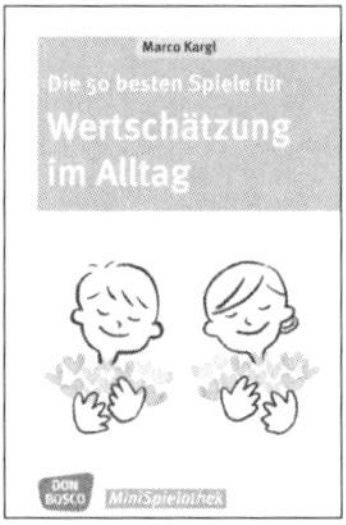

ISBN 978-3-7698-2540-4

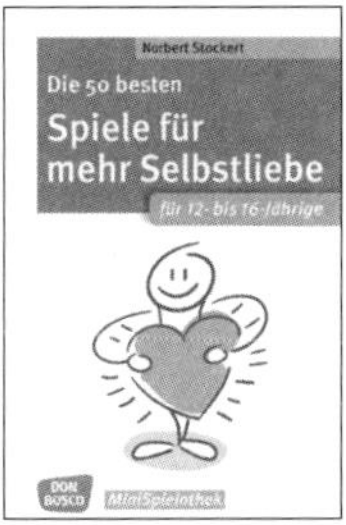

ISBN 978-3-7698-2539-8

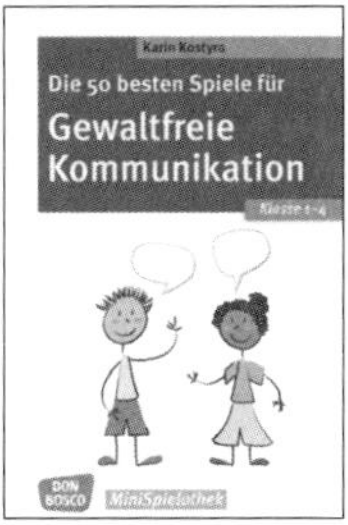

ISBN 978-3-7698-2521-3

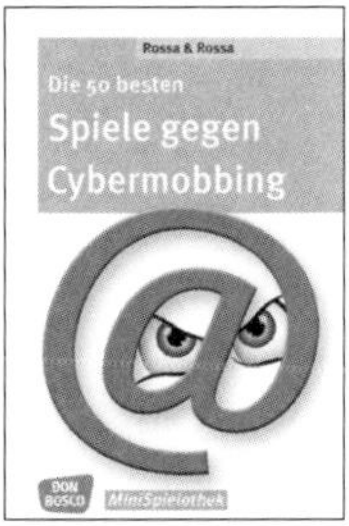

ISBN 978-3-7698-2520-6

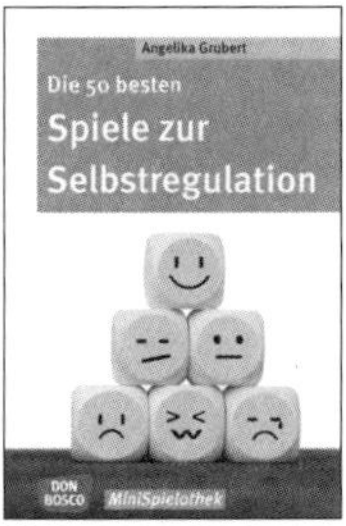

ISBN 978-3-7698-2510-7

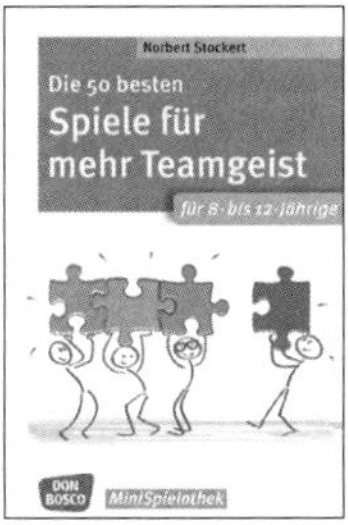

ISBN 978-3-7698-2509-1

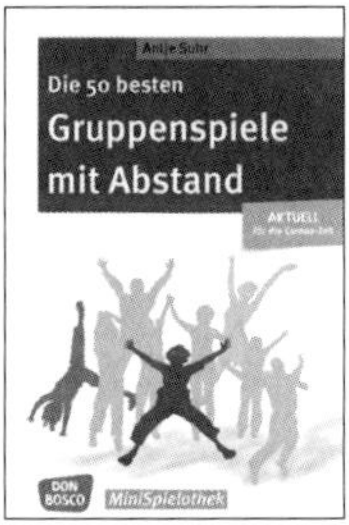

ISBN 978-3-7698-2503-9

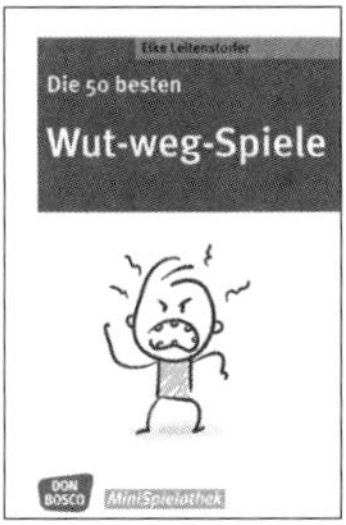

ISBN 978-3-7698-2498-8

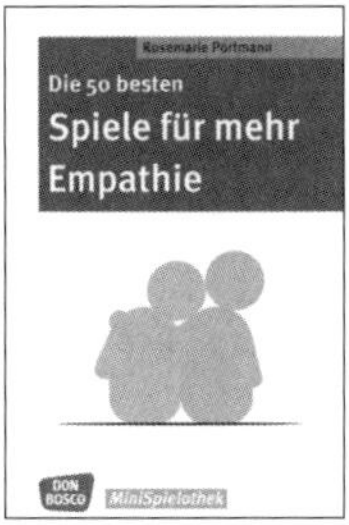

ISBN 978-3-7698-2497-1

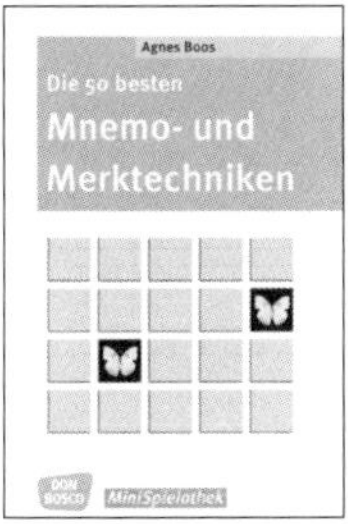

ISBN 978-3-7698-2466-7

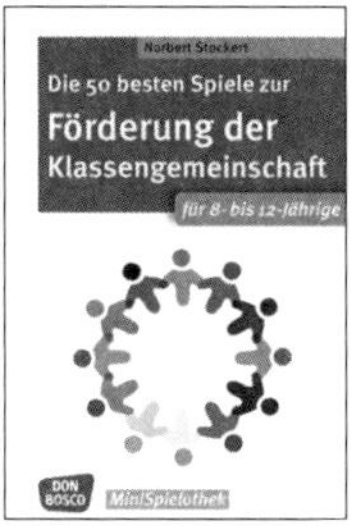

ISBN 978-3-7698-2465-0

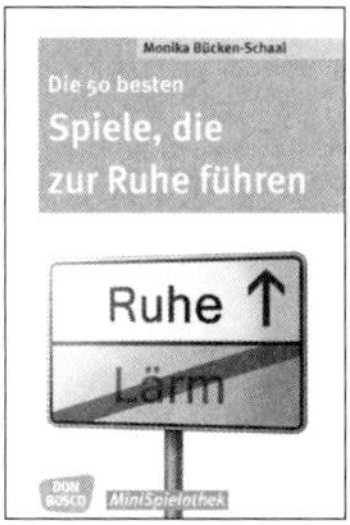

ISBN 978-3-7698-2450-6

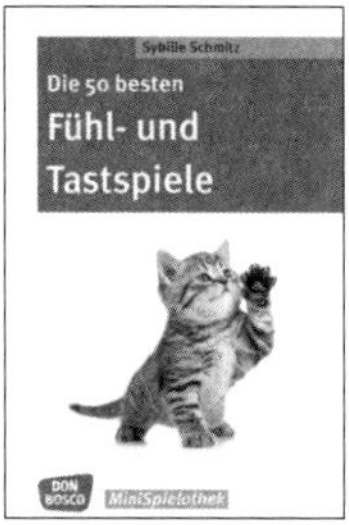

ISBN 978-3-7698-2449-0

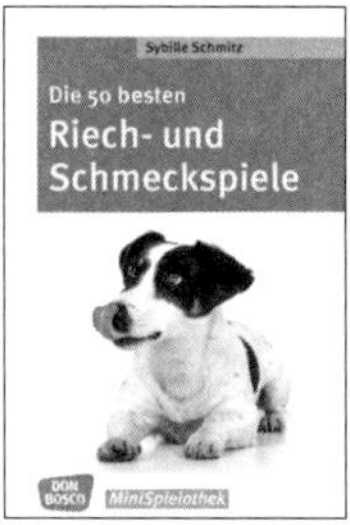

ISBN 978-3-7698-2400-1

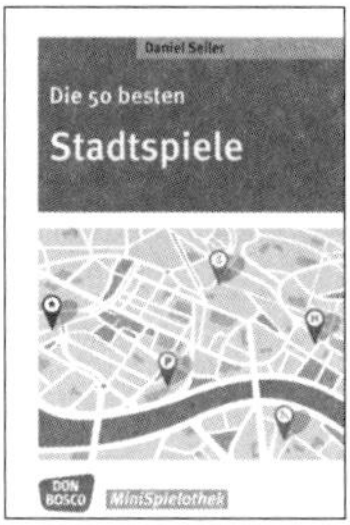

ISBN 978-3-7698-2398-1

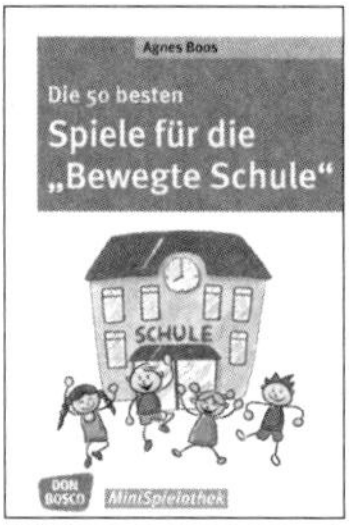

ISBN 978-3-7698-2397-4

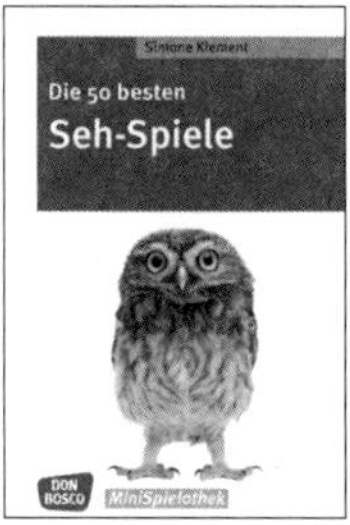

ISBN 978-3-7698-2376-9

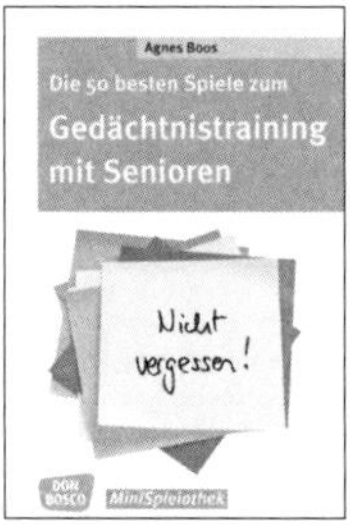

ISBN 978-3-7698-2374-5

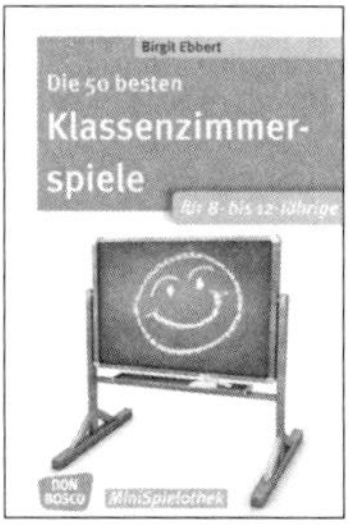

ISBN 978-3-7698-2291-5